让孩子着迷的第一堂自然课

昆虫世界

KUNCHONG SHIJIE

童心 编著

化学工业出版社

·北京·

图书在版编目（CIP）数据

让孩子着迷的第一堂自然课．昆虫世界 ／ 童心编著．—北京：
化学工业出版社，2019.4（2025.4 重印）
ISBN 978-7-122-33732-0

Ⅰ．①让… Ⅱ．①童… Ⅲ．①科学知识－青少年读物
②昆虫－青少年读物 Ⅳ．① Z228.2 ② Q96-49

中国版本图书馆 CIP 数据核字（2019）第 026041 号

责任编辑：王思慧　谢　娣

责任校对：王　静　　　　　　　　　　　　　装帧设计：刘丽华

出版发行：化学工业出版社（北京市东城区青年湖南街 13 号　邮政编码 100011）
印　　装：天津裕同印刷有限公司
787mm×1092mm　1/12　印张4　字数58千字　2025年4月北京第1版第5次印刷

购书咨询：010-64518888　　　　　　　售后服务：010-64518899
网　　址：http://www.cip.com.cn
凡购买本书，如有缺损质量问题，本社销售中心负责调换。

定　价：28.00 元

前言

　　昆虫是地球上数量最多的动物，它们小小的很不起眼，但是如果你细心观察就会发现，在干燥的地面、嫩绿的草坪、芬芳的花坛，甚至是居住的卧室里，都有它们的身影。其中有的昆虫不仅可爱，还有独特的本领，所以成为许多昆虫爱好者的小宠物。

　　在这堂自然课里汇集了最有名气、最令小朋友喜爱的多种昆虫"代表"，比如举着大刀的螳螂、花间小舞者蝴蝶、水面上的小飞机蜻蜓、忙碌采收花粉的蜜蜂、树上歌唱家蝉、不停搬家的蚂蚁、破坏庄稼的蝗虫，还有披着坚硬外壳的甲虫等。这些小家伙充满活力、遍及四处，相信小朋友在这堂自然课中，一定能认识和了解更多昆虫，同时也会更加爱护有益的昆虫。

目录

触角

眼睛

口器

识别昆虫

头部

胸部

腹部

翅膀

纤毛

足3对

腹部包含生殖器和大部分内脏。

什么是昆虫

昆虫是节肢动物的一纲，身体分头、胸、腹三部分。头部有触角、眼、口器等。胸部有三对足，翅膀有两对或者一对，也有没有翅膀的。昆虫腹部有气，两侧的呼吸器官，叫气门。

这些小家伙的样子十分吓人，但它们可不是昆虫家族的成员哦!

蜘蛛

蝎子

蜈蚣

马陆

1

昆虫是如何征服地球的

昆虫是地球上的"老住户"了，大约在4.8亿年前，它们就已经生活在地球上了。

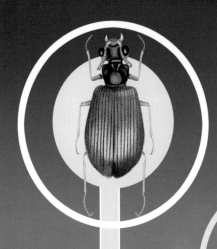

西伯利亚三眼甲虫长着三只眼睛，许多科学家认为它几乎是所有有翼飞行昆虫的祖先。

大约3.2亿年前，一部分生活在森林中，依赖高大树木生存的昆虫，逐渐进化出了翅膀。

在恐龙时代之前，就有了一种巨型甲虫，体长约3-4米，至于甲虫诞生多少年，它们为什么会变小，至今仍没有被解释清楚。

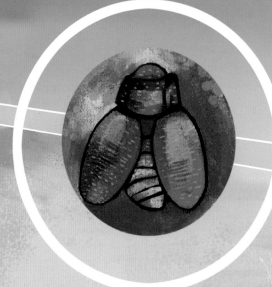

南方古猿被科学家认为是最早的人类，他们生活在距今大约550万年前至130万年前。这时，昆虫已经在地球上生活了几亿年。

距今约1.65亿年前，地球上已经出现了跳蚤，那时的跳蚤体型可比现在大得多，可以说是"巨型跳蚤"。

侏罗纪早期，蛾子出现了。

白垩纪晚期，一些蛾子进化成为蝴蝶。

一些黄蜂丧失了飞行能力，进化成为蚂蚁。

兴旺的昆虫家族

经过几亿年的进化和发展，一些昆虫逐渐灭亡、消失，而大部分昆虫经过自然界的考验，成功地生存到现在。根据不同的身体特点，昆虫被分成了不同的目。每一个目都有代表性昆虫。

鳞翅目

鳞翅目昆虫广泛分布于除南极洲外的世界各地。

代表昆虫：蝶、蛾

蝴蝶

蛾

双翅目

双翅目昆虫有1对发达的前翅，后翅退化成平衡棒。

代表昆虫：蚊、蝇、虻、蠓

蚊子

果蝇

膜翅目

大多数膜翅目昆虫绝大多数种类是益虫，有2对膜翅，前翅大，后翅小，腰很细。

代表昆虫：蜂、蚁

蜜蜂

蚂蚁

同翅目

同翅目昆虫的口器像喙，可以刺破"食物"，吸食汁液和血液。

代表昆虫：蚜虫、蚧、蝉

蝉

蚜虫

直翅目

直翅目昆虫广泛分布于世界各地，尤其是热带地区。

代表昆虫：蝗虫、蟋蟀、螽斯、蝼蛄

蝗虫

蟋蟀

4

蜻蜓

蜻蜓目

蜻蜓目昆虫头大而灵活，腰部细长，大约有5000种。

代表昆虫：蜻蜓

螳螂目

螳螂目昆虫只有螳螂一种动物。

竹节虫

负子蝽

竹节虫目

竹节虫目昆虫身体修长，善于模仿植物的形态。

代表昆虫：竹节虫

螳螂

蝽象

半翅目

半翅目昆虫的前翅一半是革质，另一半是膜质，对农作物有危害。

代表昆虫：蝽、蝽象

蜚蠊目

蜚蠊目昆虫喜欢黑暗，不善跳跃，行走迅速，大部分为家庭害虫。

代表昆虫：蟑螂、地鳖

地鳖

鞘翅目

鞘翅目昆虫通称甲虫，身体上的壳像铠甲一样。

代表昆虫：瓢虫、金龟子

金龟子

蟑螂

瓢虫

啊，你踩到它们了

昆虫不仅种类繁多，而且个体的数量十分惊人。现在，人类已经知道并命名的昆虫有100多万种，但是科学家们仍然在不断地发现新品种，所以谁也无法确定昆虫的数量到底是多少。

地球上的一个人，对应着2亿只昆虫。

现在全世界大约有70亿人，那么，我们昆虫是……

80万只螨

20只甲虫

70万只跳虫

10万只弹尾目昆虫

一棵树大概有10万只蚜虫。

50只地鳖虫

70只蚂蚁

一个蚂蚁群，大约由50万只小蚂蚁组成。

一平方米阔叶林里有多少只昆虫

一个人每走一步，都可能会踩到大约2万只小昆虫！

一亩麦田大约有2600只吸浆虫。

在空中生活的昆虫

这类昆虫常常在白天出来活动，口器发达，寿命较长。

蝴蝶

昆虫生活在哪里

昆虫几乎遍布整个地球。从赤道到两极，从海洋到沙漠，从草原到高山，从天空到土壤里，都生活着昆虫。

蜜蜂

蜉蝣

在水中生活的昆虫

这类昆虫有的终生生活在水中，有的只是在其为幼虫时生活在水中。

划蝽

步行虫

在地面上生活的昆虫

这类昆虫大多没有翅膀，或者有翅膀但是不善于飞行。

在土壤中生活的昆虫

这类昆虫大都以植物的根和土壤中的腐殖质为食，非常害怕光线，喜欢阴雨天。

跳蚤

虱子

在其他动物身上生活的昆虫

这类昆虫也叫寄生性昆虫，它们体型很小，靠吸血为生。

蝼蛄

地老虎

灵敏的感官

飞蛾

昆虫虽然体型较小，但却拥有比人类更为灵敏的感觉。和其他动物一样，昆虫也主要有五种感觉器官——视觉器官、听觉器官、嗅觉器官、味觉器官和触觉器官。

触角

触角是昆虫主要的感觉器官，可以帮助昆虫触摸物体、品尝食物和嗅气味。有些昆虫还会用触角与同伴"交谈"。

① 胡蜂用触角来触摸物体、品尝食物和嗅气味。

② 天牛的触角又细又长，是一个综合的感觉器官，有味觉、触觉、嗅觉，还可以用来传递信息。

③ 蚂蚁的视力很弱，几乎看不到事物，所以只能通过嗅觉来获取信息。蚂蚁的触角上有很多细小的毛，平时它们用触角触摸对方，通过相互摩擦来获取气味、收集信息。

④ 飞蛾有一对羽状触角，它对气味非常敏感，甚至能闻到几千米以外的异性气息。

蚂蚁

蟋蟀

胡蜂

天牛

复眼

昆虫的复眼又大又鼓，由数不清的"小眼"组成，这些"小眼"与感光细胞和神经连着，可以辨别物体的形状大小。

① 蜻蜓的复眼很大，视力极好，还能向不同方向转动。

② 昆虫能看到人类和绝大多数动物都看不到的紫外线。蜜蜂就是依靠能看见紫外线的眼睛找到花蜜和花粉的"储藏室"的。

单眼

昆虫的单眼很小，多位于昆虫的头顶，少数昆虫只有一个单眼，大部分昆虫有2~3个单眼。像毛毛虫有6对单眼。

耳朵

有的昆虫长着很奇怪的耳朵，并且可以听到声音。

① 蟋蟀的"耳朵"是它们前足关节下一块呈鼓膜状的隆起，能听到其他蟋蟀求偶的声音。

② 蝗虫的"耳朵"长在腹部，可以听到蝙蝠靠近的声音。

蜻蜓

蝗虫

蜜蜂

毛毛虫

千奇百怪的嘴巴——口器

昆虫用来吃饭的器官，不叫嘴巴，而是叫作口器。因为各种昆虫吃的食物和进食的方法不同，所以它们的口器也各不相同。

蝴蝶

虹吸式口器

虹吸式口器像一根细长的管子，能伸入花蕊里面吸食花蜜。不用时，昆虫便将口器卷起来放好。

代表昆虫：蝴蝶

🌿 虹吸式口器

咀嚼式口器

咀嚼式口器是昆虫家族中最原始的类型，其他口器都是由咀嚼式口器演化而来的。螳螂、蝗虫、蚂蚁的口器十分厉害，可以咬碎坚硬的食物。

🌿 咀嚼式口器

螳螂

蚂蚁

刺吸式口器

刺吸式口器可以刺穿植物、动物的表面，吸食其汁液、血液。蚊子的口器像一根尖尖的针，可以轻易地吸食人和动物的血液。

舐吸式口器

舐吸式口器的前端有一个像海绵一样的小垫子，可以轻易地将食物一扫而空。最典型的就是苍蝇的口器。

嚼吸式口器

嚼吸式口器有两种功能，上颚可以咀嚼固体食物，下颚可以吸食液体。这种口器只有进化较高级的蜂才具有。

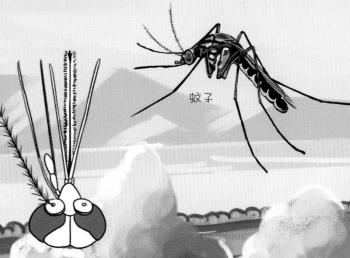

蚊子

⊛ 刺吸式口器

蜜蜂

⊛ 嚼吸式口器

苍蝇

⊛ 舐吸式口器

多种多样的口器有什么好处?

不同的口器，使各种昆虫有了最适合自己的食物，避免了因为寻找食物而产生的激烈竞争。试着想一想，如果所有昆虫都吃相同的食物，那么不仅那些"食物"会很快被吃光，更可怕的是，昆虫间会发生大规模的"抢食战争"，那样后果一定很悲惨!

快来瞧瞧昆虫的"鼻子"

昆虫和人类一样，也需要呼吸氧气。不过，它们的"鼻子"非常特殊，如果没有放大镜，人们是很难用肉眼看到的。

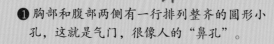

❶ 胸部和腹部两侧有一行排列整齐的圆形小孔，这就是气门，很像人的"鼻孔"。

❷ 孔口有毛刷和筛板，有过滤的作用，可以防止其他物体入侵。

蜻蜓、蜉蝣的幼虫长期生活在水中，所以它们还形成了一种特别的呼吸器官——气管鳃，能像鱼一样呼吸溶解在水中的空气。

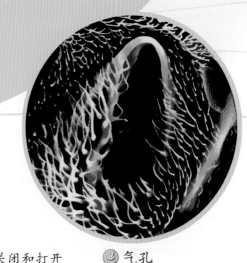
🌱 气孔

❸ 气门内有小瓣，可以关闭和打开气门。

❹ 气门与气管相连。

❺ 气管分支成许多小型气管，通到昆虫身体的各个地方。

❻ 昆虫依靠腹部的一张一缩，通过气门、气管进行呼吸。

蚂蚁、蝗虫、螳螂、蝴蝶、蜜蜂、蚊子、苍蝇等都是以这种方式进行呼吸的。

声音从哪里来

当你走入田野或森林里时，常常会听见一些悦耳或低低的叫声，可是又找不到声音从哪里来。其实，这些声音就是昆虫发出的，只是它们太小了，一片树叶、一块树皮就将它们完全遮挡。不过，雌性的昆虫不会叫，只有雄性的昆虫才会发出声音。

扇动翅膀的声音

人类可以听到振动频率在20～20000Hz的声音，比如苍蝇和蚊子扇动翅膀的声音。

不过，人们无法听到蝴蝶扇动翅膀的声音，因为蝴蝶扇动翅膀的频率为7～13Hz，并不在人类可以听到的范围内。

Hz，是赫兹的符号，用来表示频率的快慢。现在，你像小鸟一样张开双臂，上下扇动，这样你也有"频率"了！

摩擦发出的声音

一些昆虫靠体表的不同部位互相摩擦而产生声波。如蟋蟀、螽斯、蝗虫、蝼蛄、蟪、天牛、金龟子等。

身体撞击产生的声音

窃蠹会用头部敲击隧道壁从而发出声音。

还有一些雄性拟步甲在求偶时，会用腹片摩擦雌性胸部的瘤从而发出尖锐的声音。

昆虫的种类非常多，所以叫声也多种多样。有的声音悦耳，可有的声音却非常刺耳、难听，甚至吵得让人心烦。下面有6种昆虫的叫声，你知道它们分别是哪些昆虫发出的声音吗？

① "zi——zi, zi——zi"
② "qu—qu—"
③ "weng—weng—weng"
④ "zi er—zi er"
⑤ "ka cha—ka cha"
⑥ "si—si"

① 我在树上，我是一名歌手——蝉先生。

④ 我是纺织娘，我的叫声常常吵得人睡不着觉。

⑤ 我是天牛，因为叫声很像锯树时发出声音，所以又被叫作"锯树郎"。

③ 我是蜜蜂，看见我就赶紧躲开吧！

⑥ 我是生活在非洲的蟑螂，因为我很会叫，现在成为一种很受欢迎的昆虫宠物。

② 我是生活在草丛里的蟋蟀，我可是音乐家哦！

昆虫界的冠军

虽然世界上有很多种昆虫，但有一些昆虫凭借自己的天赋和独特的身体特点，成了某方面的佼佼者。现在，我们就去认识一下它们吧！

跳高冠军

猫跳蚤弹跳1次能达到34厘米，是其身高的140倍。

寿命最短的昆虫

蜉蝣的成虫只能活1天或者更短。

最重的昆虫

生活在热带美洲的犀金龟体型巨大，从头部到腹部末端长达16厘米，身体宽10厘米，重量约100克，比一颗鸡蛋还大。

最长的昆虫

生活在婆罗洲丛林里的竹节虫体长可达55厘米，比2支连起来的铅笔还要长。

最小最轻的昆虫

卵蜂体长仅0.21毫米，重量只有0.005毫克。

跑得最快的昆虫

生活在澳大利亚的虎甲虫每小时可以奔跑大约9000米。

飞行最快的昆虫

世界上飞得最快的昆虫，是澳大利亚蜻蜓，身长12厘米，它短距离的冲刺速度可达每小时58千米。

最长寿的昆虫

吉丁虫的幼虫在木头里生活大约50年后，才变为成虫，离开木洞。

奇妙的出生和成长

昆虫的生长发育过程和人类完全不同。有的昆虫从幼虫到成虫都是一个模样，但大部分昆虫都要经历一次"大变脸"。如果你不了解它们，根本无法想象它们小时候和长大后的模样会有那么大的差距！

③ 经过几次蜕皮，就会变成蛹。蛹表面上很安静，但身体里的器官正逐渐成长为蝴蝶的器官。

完全变态

昆虫会经历卵、幼虫、蛹和成虫四个阶段。

代表昆虫：蝴蝶

④ 终于，蝴蝶破茧而出。这时，它的翅膀皱缩在一起，无法飞行。

② 毛毛虫从卵里孵化出来，以叶子为食。毛毛虫长得很快，几周就能长得很大。

⑤ 当翅膀打开，晾干后，蝴蝶就能在空中翩翩起舞了。

① 蝴蝶将卵产在植物上。

🦋 蝴蝶的蜕变

无变态

幼虫是成虫的迷你复制品，幼虫只需要经过1次蜕皮，就能长大为成虫。

代表昆虫：蠹虫、衣鱼

不完全变态

昆虫的卵孵化出的幼虫被称为若虫。若虫与成虫很像，在生长过程中经过几次蜕变后，就能发育成成虫。

代表昆虫：蜻蜓

⑤ 等双翅展开变干后，蜻蜓就能飞了。从离开水面到起飞，蜻蜓只用了1个多小时。

④ 成虫的翅膀皱缩着，湿乎乎的，还无法飞行。

① 蜻蜓将腹部插入水中，将卵产在水里。

🌱 蜻蜓的蜕变

② 几周后，卵孵化出若虫。在最后1次蜕皮前，若虫顺着植物爬出水面。

③ 若虫的外皮很柔软，可以轻松地挣脱旧皮，从外壳里钻出来。

蚕的一生

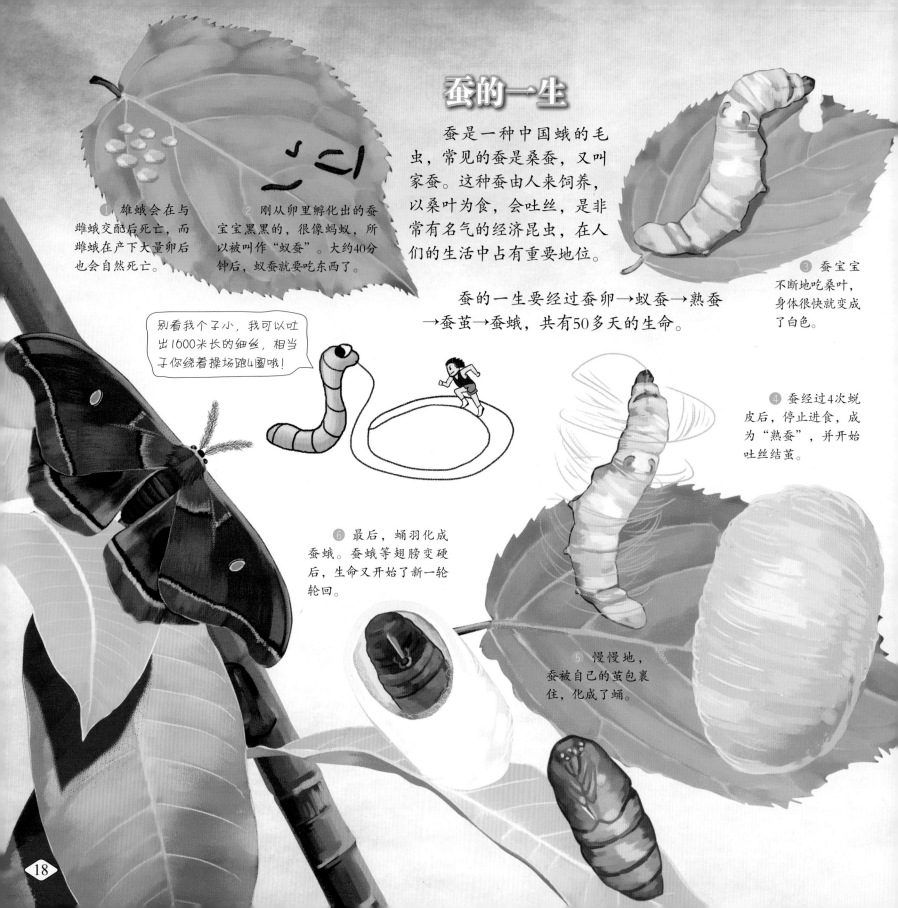

蚕是一种中国蛾的毛虫，常见的蚕是桑蚕，又叫家蚕。这种蚕由人来饲养，以桑叶为食，会吐丝，是非常有名气的经济昆虫，在人们的生活中占有重要地位。

蚕的一生要经过蚕卵→蚁蚕→熟蚕→蚕茧→蚕蛾，共有50多天的生命。

1 雄蛾会在与雌蛾交配后死亡，而雌蛾在产下大量卵后也会自然死亡。

2 刚从卵里孵化出的蚕宝宝黑黑的，很像蚂蚁，所以被叫作"蚁蚕"。大约40分钟后，蚁蚕就要吃东西了。

3 蚕宝宝不断地吃桑叶，身体很快就变成了白色。

4 蚕经过4次蜕皮后，停止进食，成为"熟蚕"，并开始吐丝结茧。

别看我个子小，我可以吐出1600米长的细丝，相当于你绕着操场跑4圈哦！

6 最后，蛹羽化成蚕蛾。蚕蛾等翅膀变硬后，生命又开始了新一轮轮回。

5 慢慢地，蚕被自己的茧包裹住，化成了蛹。

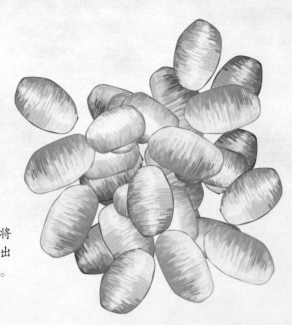

① 蚕从嘴下的小管中吐出丝，将自己包裹起来成为茧。不同的蚕会结出不同颜色的茧，大部分为黄色和白色。织一件衣服，大约需要1000个蚕茧。

⑤ 最后，把蚕丝织成布料，就可以制作成衣服，让人们穿上啦！

人们从蚕茧中抽出丝，纺织成衣服或其他物品，至今已经有5000多年的历史了。现在，我们就去看一看，蚕茧是怎么变成衣服的。

② 挑选好的茧抽丝，把那些有斑点、小孔的蚕茧拣出去。

③ 把蚕茧放入热水中煮软，这是抽出连续丝的唯一办法。

④ 用纺织机抽出蚕丝，6~10根细丝捻在一起，成为一股丝。

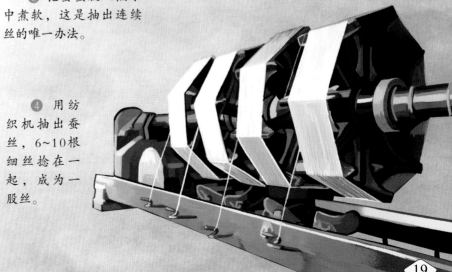

甲虫王国

在昆虫家族中，大约1/3都是甲虫，数量大约有35万种，比植物的种类还要多。除了海洋和极地附近，地球上任何一个地方都有它们的身影。

什么样的昆虫才算是甲虫？

首先，甲虫的身体分为3部分。其次，甲虫有6条腿。最后，也是最重要的一点，甲虫有2对翅膀，但其中1对不能扇动，而是进化成了坚硬的壳，保护那对用来飞翔的翅膀。

金龟子

金龟子有艳丽的颜色，人们常常用它们来做装饰物。金龟子的幼虫吃植物的根茎和幼苗，对农作物有害。

油芫菁

油芫菁有一个大大的肚子。一旦碰到其他动物，它们会立刻喷射出一种油乎乎的液体。这种液体的威力很大，可以把人的皮肤灼伤。

蜣螂 ➡

蜣螂俗称屎壳郎，也被称为"大地清道夫"。因为它们不怕脏、不怕累，每天用像铁锹一样的大角将粪便堆积起来，拍打成球，滚进自己的洞穴里。瞧，一只屎壳郎推着粪团过来了！

鬼艳锹甲 ➡

鬼艳锹甲有坚硬的上颚。在繁殖季节，它们会变得十分凶猛，把上颚当作武器，狠狠地将情敌掀翻在地，再也爬不起来。

瓢虫

瓢虫很会装死。当遇到敌人或受到刺激时，瓢虫会立即"休克"，像失去知觉似的一动也不动。当危险过去，它们才会清醒过来。

甲虫有2对翅膀

天牛

天牛的身体呈长圆筒形，头上的触角又细又长。天牛的幼虫常常蛀食树干，并会发出类似锯树的声音，所以天牛又被叫作"锯树郎"。

独角仙

雄独角仙不仅身体强壮，而且头上还长着一个大大的角，是十分厉害的武器，所以雄独角仙成为夏日树林中的王者。不过，独角仙的脾气很好，一般不喜欢争斗。

萤火虫

会发光的萤火虫也是甲虫家族中的一员哦！每只萤火虫发出的光都有各自的"风格"，便于它们寻找合适的配偶。

五彩斑斓的蝴蝶

紫蛱蝶

黑脉金斑蝶

蝴蝶是美丽和纯真的化身，走在花丛中，你常常会看见它们在追逐、起舞。正是因为有了蝴蝶，世界才有一种可以自由行走的美。

食物

蝴蝶有像吸管一样的喙，可以吸食花蜜或水果、植物的汁液。

活动

大多数蝴蝶白天出来活动，只有一小部分蝴蝶喜欢在黄昏时活动。

休息

蝴蝶在休息时，常常会把翅膀合起来，竖立在背上。

触角

蝴蝶有一对细长的触角，每只触角的顶端都有一个像小圆棍似的结构。

双色带蛱蝶

纹黄蝶

中华虎凤蝶

枯叶蝶

孔雀蛱蝶

数字蝶

大网蛱蝶

柑橘凤蝶

斑星弄蝶

绢斑蝶

蓝色大闪蝶

凤眼方环蝶

纹白蝶

小灰蝶

二尾蛱蝶

紫斑环蝶

菜粉蝶

红纹丽蛱蝶

蚂蚁家族

在自然界里，大约有1.5万种不同的蚂蚁，它们有着令人惊叹的本领和习性。蚂蚁非常勤劳，它们喜欢集体住在一个地下巢穴里，每只蚂蚁都有明确的工作。总之，蚂蚁是一种相处非常融洽的昆虫。

军蚁

军蚁十分可怕。它们常常组成一支有几万只军蚁的大部队，灭青蛙、吃大蛇、啃飞鸟……它们经过的地方总会被吃个精光。

白蚁档案

蚁后：将数不清的卵保存在它的腹部。

蚁王：蚁王要忠实地照料蚁后。

兵蚁：保护蚁卵和巢穴，一旦有入侵者，它们就会发动攻击。

工蚁：外出觅食，打扫巢穴。

火蚁

火蚁是一种有毒的蚂蚁。如果人被火蚁咬伤，伤口会有烧灼的感觉。

切叶蚁

生活在南美洲的切叶蚁非常勤劳。它们每天都会把树叶运回巢穴，如果树叶太大，它们就会把树叶咬成一块一块的，再搬运回家。

切叶蚁的洞穴里有一个"真菌园"。树叶被运回去后，成千上万只切叶蚁将树叶咀嚼成浆状，让土壤里的真菌"吃掉"。当真菌吃完树叶浆后，切叶蚁就把真菌吃掉。有的"真菌园"非常大，比一个足球场还要大很多倍。

黑花园蚁 →

黑花园蚁的工蚁平时负责保护蚜虫。蚜虫为了报答黑花园蚁，会提供甜甜的蜜露供它们食用。

缝叶蚁用强健的颚将树叶"缝"起来，做成巢穴。

白蚁的"豪宅"

生活在非洲热带稀树大草原上白蚁，可以修建出高大豪华的蚁塔。蚁塔露出地面的部分高达4米，地下部分深达3米，塔的上部中空，以便空气流通，使得巢穴内的温度不会太冷，也不会太热。

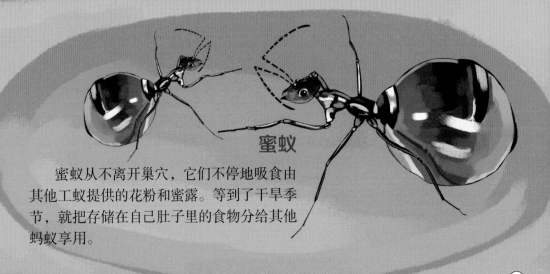

蜜蚁

蜜蚁从不离开巢穴，它们不停地吸食由其他工蚁提供的花粉和蜜露。等到了干旱季节，就把存储在自己肚子里的食物分给其他蚂蚁享用。

蛰人的蜜蜂

蜜蜂是一种有益的昆虫。它们不仅能帮助植物传授花粉，还能酿造出蜂蜜，因此深受人们的喜爱。

蜂王

蜂王是生育器官发育完全的雌蜂。蜂王只负责产卵，每天大约会产下2000枚卵。大多数卵发育成工蜂，少数卵发育成雄蜂。

蜂房=1只蜂王+大约8万只工蜂+大约600只雄蜂

工蜂

工蜂

工蜂是蜂群中繁殖器官发育不完善的雌性蜜蜂。工蜂从出生到死，整天都在忙碌着。除了要采集花粉、酿蜂蜜，还要喂养幼虫、筑巢、打扫卫生、保护蜂群，非常勤劳。

工蜂

雄蜂

在繁殖的季节，雄蜂忙着和蜂王交配，等交配完成后，雄蜂就会死去。而那些没有与蜂王交配的雄蜂，整天吃吃喝喝，从不干活，成了蜂群中多余的"懒汉"。等到秋天，它们就会被赶出蜂房。

蜂王

雄蜂

纸蜂房

大部分群居的黄蜂的巢是用"纸"做的。当然，这种纸不是我们写字用的纸，而是它们用唾液混合着木质纤维做成的。纸蜂房没有外层，是暴露在外面的。

绳子状蜂房

生活在秘鲁的胡蜂，把蜂房一个接一个地连成一串，看起来就像一根绳子。

球形蜂房

欧洲普通黄胡蜂的蜂后正在努力建造一个新蜂房。内层蜂房里住着小宝宝，外面还有一层保护壳，十分奇特。

泥蜂房

许多陶蜂用泥土做蜂房。当第1个蜂房完工后，它们就出去找毛虫。找到后便用蜂刺将毛虫麻痹，然后放入蜂房。当蜂房里存满食物后，陶蜂会产下一个卵，之后将蜂房封闭起来。然后它们又开始建造第2个蜂房，直到建造起一排。

甜甜的蜂蜜工厂

你吃过蜂蜜吗？啊，用舌头舔一舔，味道真是太美了！这么好吃的东西，小小的蜜蜂到底是怎么酿造出来的呢？快跟我来看看吧！

② 工蜂把花蜜运回蜂房，填入小室。

蜜蜂是怎么酿蜜的？

③ 花蜜在小室里，慢慢地变得浓稠，最终形成蜂蜜。

① 工蜂从新鲜的花朵上采集花蜜。

蜂蜡

工蜂在建造和维修蜂房时，会分泌出蜂蜡。

上光剂

护浸剂

蜂胶

蜂王浆

蜡烛

蜂蜜面包

蜡笔

蜂蜡

清漆

饼子

一只蜜蜂一生只能产出1茶匙的蜂蜜。

这些东西都是用蜂蜜和蜂蜡做成的

从地下出生的歌唱家——蝉

　　蝉又叫知了，是一种非常有名的昆虫。它们鸣声响亮，被称为昆虫界的"歌唱家"。每到盛夏，茂盛的大树上会发出响亮的鸣声，其实，这就是雄蝉的鸣声。

从地下出生

　　蝉是一种很特别的昆虫，它们一生的大部分时间都生活在黑暗的地下，生活在地上的时间只有短短的1个月。

① 在7~8月，雌蝉用产卵管在树枝上刺一排小孔，并把卵产在小孔里。几周后，雄蝉和雌蝉就死了。

② 幼虫从卵里孵化出来，被风一吹，落到地面，便立刻寻找松软的土壤钻进去。

③ 蝉幼虫会在地下生活3~5年，有的能生活17年，以吸食树根的液汁为生。

④ 幼虫到成虫，需要经过5次蜕皮，前4次在地下进行。随着蜕皮，幼虫逐渐变成了黄褐色的蝉蛹。

⑤ 终于，在一个黄昏或夜间，蝉蛹钻出地表，并爬到树上，紧紧抓住树皮。

⑥ 大约1小时后，成虫蜕去最后一层蛹壳，成为了蝉。

蝉和树木

　　当雄蝉在树枝上引吭高歌的同时，却用它那尖细的口器刺入树皮吮吸树汁，这时一些口渴的蚂蚁、苍蝇、甲虫等纷纷赶来吸吮树汁。当树汁被吸干以后，蝉又飞到另一个树枝上，再开一口"泉眼"，继续为它们提供饮料。如果一棵树被蝉打开几十个"泉眼"，那么树将因为树汁流尽而枯萎。可见蝉是树木的大害虫。

刺蜻

在昆虫界，有一些昆虫十分善于模仿，它们可以把自己身体的颜色变得很像周围植物的颜色，从而把自己伪装、隐藏起来，以免被捕食者吃掉。这类昆虫被称为"拟态昆虫"。

竹节虫

尺蛾

叶蜻

菜青虫

猎蜻

螽斯

树叶虫

举着大刀的螳螂

螳螂，也叫刀螂，它们的前臂呈镰刀状，看起来就像一把大刀。螳螂分布非常广泛，除极地外，世界各地都有它们的踪迹。

自相残杀

螳螂是凶残的食肉昆虫。当找不到食物时，常常能看见螳螂们打成一片，强壮的螳螂会吃掉弱小的螳螂。

爱祈祷的虫子

螳螂真的会祈祷吗？当然不是了。而是因为它们在捕猎时，常常将前臂举起，好像是在"祈祷"一样。

捕虫高手

螳螂是捕虫高手，只需要0.05秒就能抓到猎物，比正常人类眨眼的速度还快！一只螳螂在两三个月内，可以吃掉700多只蚊子。

杀死丈夫

一些雌螳螂在交配后，会毫不留情地把丈夫吃掉，实在吓人！

伪装

别看螳螂很厉害，有时它们也得伪装自己，躲避危险。瞧，枯叶螳螂看起来就像是一片枯叶，不仔细看很难认出来哦！

被通缉的蝗虫

蝗虫是一种非常可怕的昆虫，尤其是沙漠蝗虫。当它们成群飞来时，密密麻麻的像一片乌云，可以覆盖1200平方千米的土地，数量可以达到20万只，常常令人恐慌。

蝗虫每天可以飞行130千米，所以它们停下来时非常饥饿，几分钟内就能把庄稼吃得精光。

科学家试图通过预报蝗虫灾害，来帮助农民早做准备，但是，蝗虫数量太多了，很快就占据了上风。农民只能眼睁睁地看着蝗虫把庄稼吃光。

蝗虫大队

一只蝗虫

当我独自生活时，身体是绿色的，破坏力也很小。

当我们过上集体生活时，不仅身体会变成黄色，还会很危险，常常毁坏一大片农作物！

33

宴会开始啦

今天不知道是什么好日子，昆虫们决定搞一次大聚餐。它们一边大口地吃着，一边高兴地聊着天。不过，餐桌上的味道实在太难闻了……

蠹虫

蠹虫很喜欢书。不过，它可不是看书，而是忙着吃书缝里的糨糊。

白蚁

白蚁很爱吃木头，它们忍不住啃起餐桌，这样下去，它们很快会把整个桌子吃光的。

螳虫

坚果象甲

白蚁

蠹虫

果蝇

白蚁

蝗虫

蝗虫很能吃，它的食性很杂，几乎所有的庄稼它都吃，最喜欢吃又肥又厚的白菜叶。

坚果象甲

坚果象甲把自己的喙插入一个大坚果中。

蟑螂

蟑螂太厉害了，不管什么都能吃下肚。瞧，它正在啃一块人的手指甲。

蜜蜂

还是蜜蜂最文雅，它的食物是一朵香喷喷的花。

果蝇

盘子里是一颗腐烂的水果，果蝇吃得可开心了。

蚊子

蚊子把嘴刺进皮肤里，使劲地吸血。

屎壳郎

屎壳郎最喜欢吃臭烘烘的粪便了。它使劲地挤压粪便，汁液一流出来，便立刻用嘴巴吸起来。

蓝地甲虫

蓝地甲虫看到了盘子里的一只蠕虫。

蟑螂

蓝地甲虫

蜜蜂

屎壳郎

它们怎么获取食物

世界上几乎任何东西都能成为昆虫的食物。根据食物的不同，昆虫分为植食性昆虫和肉食性昆虫，还有一些昆虫吸食血液。

唾液汤

苍蝇有个让人恶心的毛病，吃饭前总会在食物上唾满唾液，食物被唾液消化后会变成汤，它们再把汤液吸食干净。

吸食汁液

蝽用尖锐的口器，刺破动物的皮肤或植物的表皮，吸食汁液。

存储食物

蜜蜂落在花朵上时，花粉常常会沾在身上。蜜蜂就用中腿把花粉收集起来，存储在后腿的刚毛里。

吃肉的蚂蚁

别看蚂蚁体形很小，但它们大部分都喜欢吃肉。它们一天可以捕捉到几十亿只昆虫。其中一些昆虫很大，蚂蚁就把它们切成小块，再搬运回巢穴。

唱歌求偶

雄性蟋蟀通过唱歌来吸引雌蟋蟀。

嚼烂树叶

毛毛虫被称为"吃饭机器"，因为它们一出生，就开始不断地吃。毛毛虫的口器边缘互相重叠，很像一把剪刀，可以把叶子切碎，还可以像磨盘一样把嘴里的食物磨烂。

求偶信号

每到繁殖季节，昆虫就开始忙碌起来，四处寻找配偶。昆虫们常常发出一种独特的信号，吸引伴侣。

气味求偶

雌性橄榄油蝴蝶在求偶时，会散发出一种浓烈的气味，吸引雄蝶，雄蝶循着气味就能找到雌蝶。

发光求偶

雌萤火虫不会飞，它蛰伏在草丛中，发出微弱的光，雄萤火虫发现后，会用一种更明亮的一闪一闪的光来回应，并通过雌萤火虫发光的变化来确定求偶有没有成功。

威胁求偶

雄水黾吸引配偶的方法很特别。它一旦相中某只雌水黾，就会悬停在水面，用腿敲打水面以吸引鱼儿，雌水黾看到后，非常担心雄水黾的生命，没办法，它只好点头同意了。

舞蹈求偶

有些昆虫会以舞蹈的形式向异性同伴求爱。例如，蝴蝶有时会跳舞求偶，它们翅膀上的鳞片可以反射一种特殊的光，使它们的舞姿更有魅力，从而吸引异性同伴的注意。

昆虫的运动方式

昆虫无时无刻不在运动，不论是寻找食物、伴侣，还是躲避危险。因为生活环境不同，昆虫的运动方式也不同。有的昆虫会游泳，有的昆虫会跳跃，并且大多数昆虫会飞。足和翅膀是昆虫运动必需的身体构造。

蝴蝶

天牛

多功能的足

昆虫的足不仅仅用来行走、跳跃和游泳，还用来捕食、挖洞、唱歌、战斗。

天牛的足只能行走。
蝗虫可以借助足高高跳起。
猎蝽的足可以捕捉猎物。
蜜蜂的足可以贮存花粉。
仰游蝽的足可以在水中游泳。

蚜虫

伪足

几乎所有的毛毛虫除了胸部的3对足外，腹部还长着5对腹足，又叫伪足。当毛虫进食时，就用腹足抓紧植物。

毛毛虫

猎蝽

仰游蝽

蝗虫

鳞片

蝶与蛾的翅膀上覆盖着色彩斑斓的鳞片，这些鳞片是由它们被压平的毛发形成的。每一片鳞片都紧密相连，交织成蝶和蛾美丽的翅膀，便于它们飞行。

借风飞行

蚜虫十分小，行动很缓慢，于是它们借助风力从一处飘到另一处。

蜜蜂

天蛾

我飞得很快，每小时可以飞行39千米，蝴蝶和其他昆虫都比不过我！

瓢虫的飞行

大多数昆虫都有质地相同的翅膀。但也有一些昆虫，比如瓢虫，其前翅坚硬，可以为飞行提供升力，后翅扇动，从而推动身体向前。

❶ 瓢虫在飞行前，需要做热身运动。它将翅膀反复地打开、合拢。

❷ 前翅张开，后翅紧跟着打开，准备起飞！

❸ 瓢虫跳到空中，伸开足保持平衡，同时扇动后翅，使身体像滑翔机一样向前飞行。

当瓢虫着陆时，后翅折叠起来，收在前翅里面。

小身体，大本领

非洲蜜蜂非常厉害，会成群攻击入侵者，并且还会毫不犹豫地用螫针击退敌人。但是蜜蜂在螫过一次后便会死亡。

蝽象能分泌出一种恶臭的液体。一旦被鸟儿捉住，它们会使用这种方法逃生。

箩纹蛾展开翅膀后，上面的图案就像猫头鹰的脸，看上去非常恐怖。敌人看见后十分害怕，常常会溜之大吉。

枯叶蝶静静地落在枯树枝上，就像一片枯树叶，很难被敌人发现。

自然界里充满危险，小昆虫们为了保护自己，躲避危险，学会了许多防卫本领。有的学会了伪装，有的会使用化学武器，还有的会发出"警告"，这些稀奇古怪的本领使它们一次又一次地顺利脱险。

放屁甲虫的腹部有两种特殊的化学物质，一旦遇到危险，它就将这两种物质混合起来，用力地喷射出去。如果这些喷雾溅到小动物的脸上，可能会使它们的眼睛看不见，甚至导致小动物死亡。

子弹蚁是所有昆虫中咬人最疼的。一旦有人被咬，灼热般的疼痛感会持续24小时，就像中弹一般。

昆虫大餐

别惊诧，这一道道大餐可都是用昆虫做成的，炸的、煮的、烧的、烤的、炒的，味道真是美极了！其实，昆虫是一种非常有营养的食物，现在大约有12000种昆虫被人们搬上了餐桌。

蒸蛆

油炸蟋蟀

蟋蟀炒电蝇虫

烤蟑螂

① 墨西哥是昆虫食品之乡，在那里你可以品尝到370多种昆虫美食。有名的墨西哥鱼子酱不是用鱼子做的，而是用一种苍蝇的卵做成的。

② 在巴黎的"昆虫餐厅"，你可以吃到炸苍蝇、清炖蛐蛐汤、烤蟑螂、蒸蛆、甲虫馅饼以及各种昆虫菜，没有去过的人简直无法想象。

③ 如果到了泰国，一定要吃一份油炸蟋蟀，可以补充钙质哦！

④ 在尼泊尔，当地人用布把蜜蜂幼虫包起来，使劲挤压，将挤出的液体像炒鸡蛋那样炒着吃，并且这种吃法非常普遍。

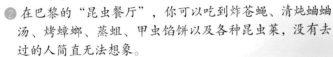

蜜蜂幼虫

⑤ 全世界至少有9000种蚂蚁可以食用。这是一道蚂蚁上山，吃起来爽口极了！

蚂蚁上山

我们坐在一起聊天时，常常吃瓜子、花生米来打发时间。

我们可不吃那玩意儿，我们会吃一盘油炸蚂蚁，那才香！

中国人

哥伦比亚人

41

人类的朋友和敌人

在昆虫家族里，有一些昆虫是益虫，是人类的好朋友，而有一些昆虫是害虫，它们破坏、侵占人类的物品、家园。

马铃薯甲虫

马铃薯甲虫的幼虫大口大口地吃着马铃薯叶片，常常造成整棵植株死亡。

蜜蜂

蜜蜂不仅能酿出香甜的蜜，还能传播花粉，让美丽的花儿绽放。

瓢虫

有些瓢虫能捕食蚜虫，是生活在菜园里的益虫。

面象虫

面象虫生活在厨房的碗柜里，发霉的面粉是它们的最爱。

苍蝇

苍蝇携带着大量细菌，是对人类危害很大的害虫。

木匠蚁

木匠蚁喜欢在木材上挖洞筑巢，房屋的木梁常常被它们破坏。

没有了苍蝇和甲虫，到处都是臭烘烘的粪便、动物的尸体以及植物，人们简直寸步难行。

这些可爱的小昆虫是地球生态系统中必不可少的一环，为了人类更美好的未来，我们一定要爱护小昆虫，和它们和平共处。

如果地球上没有了昆虫

其实，我们的生命非常顽强，即使有一天，地球上所有的人类和大型动物都消失了，我们也会继续生存下去。

昆虫虽然常常和人类抢夺食物、家园，但昆虫也是人类非常重要的朋友。如果地球上没有了昆虫，那人类将会灭亡，世界将会崩溃。

如果没有了蜜蜂和蝴蝶，花儿将无法传粉，世界就会失去美丽的色彩，庄稼会颗粒无收，人类也将陷入饥荒……

本书编绘人员名单

王艳娥	刘晓丽	王阳光	邵晗茹	刘听听	庄殿武	孙雪松	王立刚	韩 旭	崔 月
田 晰	吴金红	王 丹	王自伟	孙海建	杨立国	陈禄阳	邱佳丰	王迎春	康翠苹
崔 颖	王晓楠	李佳兴	虞佳鑫	姜 茵	丁 雪	那 娜	宁 涛		